Impressum
Verlag: BABADADA GmbH, Nedderfeld 112 , 22529 Hamburg
Geschäftsführer / Verlagsleitung: Harald Hof
Druck: Books on Demand GmbH, In de Tarpen 42, 22848 Norderstedt

Imprint
Publisher: BABADADA GmbH, Nedderfeld 112 , 22529 Hamburg, Germany
Managing Director / Publishing direction: Harald Hof
Print: Books on Demand GmbH, In de Tarpen 42, 22848 Norderstedt

colegio

escola

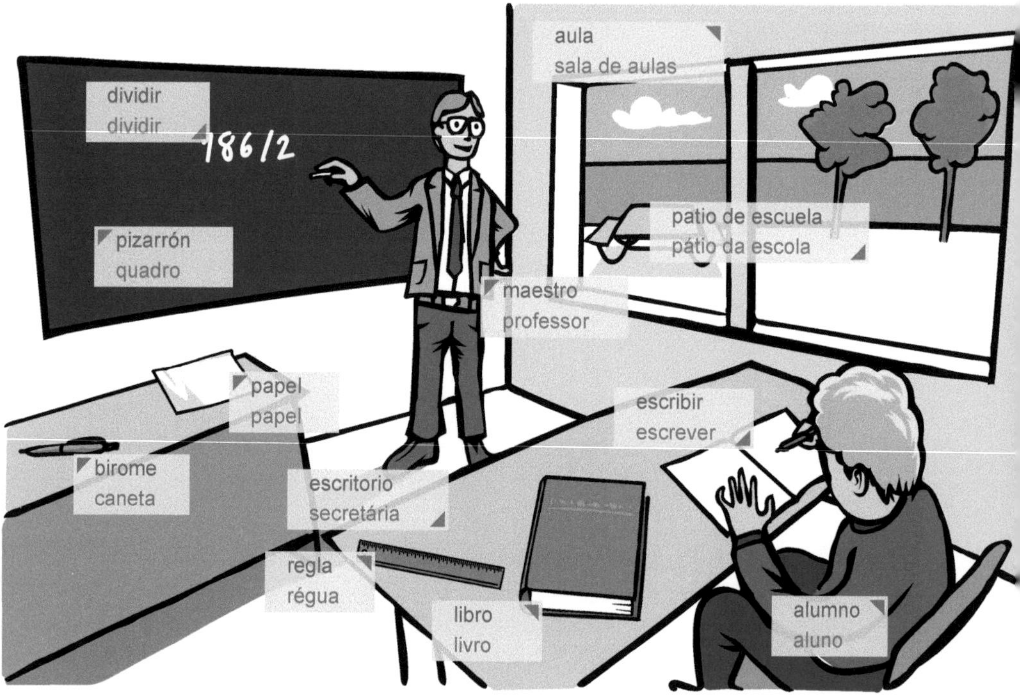
aula
sala de aulas
dividir
dividir
186/2
pizarrón
quadro
patio de escuela
pátio da escola
maestro
professor
papel
papel
escribir
escrever
birome
caneta
escritorio
secretária
regla
régua
libro
livro
alumno
aluno

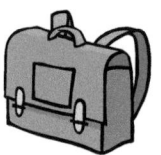

mochila
mochila

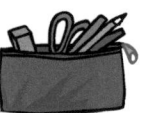

caja de lápices
estojo de lápis

lápiz
lápis

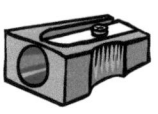

sacapuntas
afia-lápis

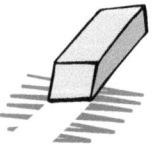

goma (de borrar)
borracha

bloc de dibujo
bloco de desenho

dibujo
desenho

pincel
pincel

caja de pinturas
caixa de tintas

tijera
tesoura

pegamento
cola

cuaderno de ejercicios
livro de exercícios

tarea
trabalhos de casa

12

número
número

2+2

sumar
somar

5-2

restar
subtrair

2×2

multiplicar
multiplicar

calcular
calcular

A

letra
letra

ABCDEFG
HIJKLMN
OPQRSTU
VWXYZ

abecedario
alfabeto

hello

palabra
palavra

texto
texto

leer
ler

tiza
giz

lección
hora

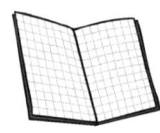

cuaderno de clase
registo de presenças

examen
exame

certificado
certificado

uniforme escolar
uniforme escolar

educación
educação

enciclopedia
enciclopédia

universidad
universidade

microscopio
microscópio

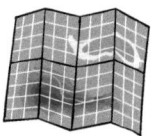

mapa
mapa

tacho (de basura)
cesto de lixo

viaje
viagem

Grand
hotel
hotel
hostel
hostel
ROOMS
casa de cambio
casa de câmbio
valija
mala
auto
carro

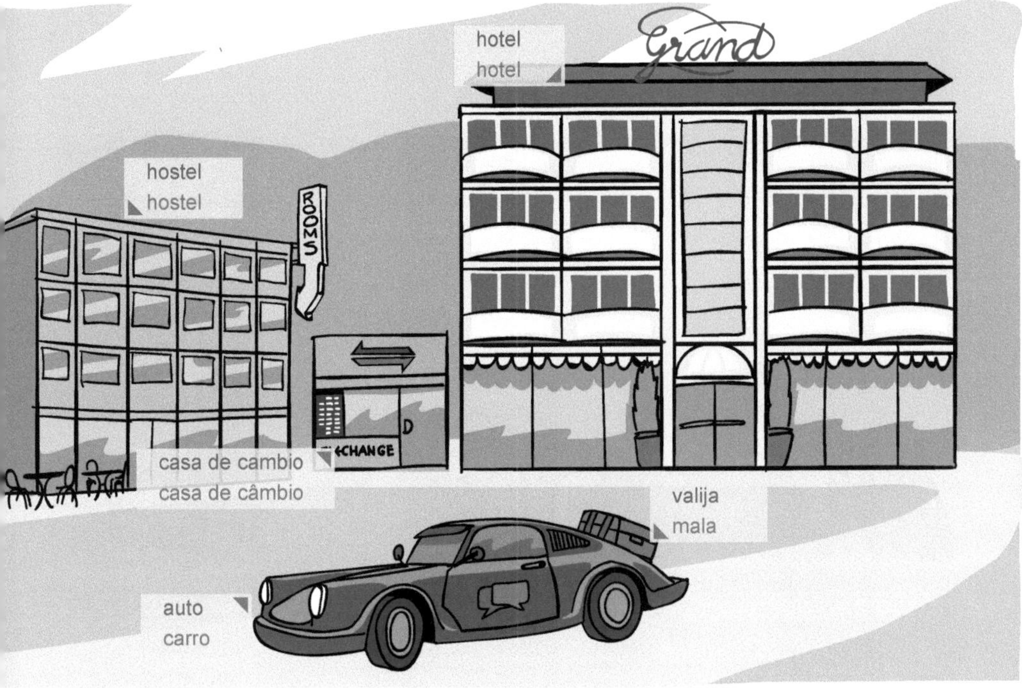

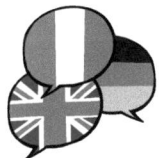

idioma

idioma

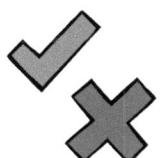

sí / no

sim / não

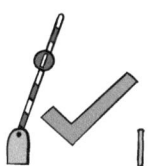

Está bien

ok / certo / correto

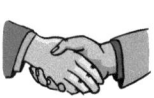

hola

olá

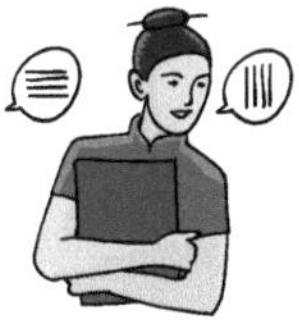

traductor

intérprete

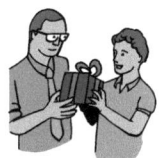

Gracias

obrigado

¿cuánto cuesta...?

quanto é que custa... ?

No entiendo

não entendo

problema

problema

¡Buenas tardes!

boa noite!

¡Buenos días!

Bom dia!

¡Buenas noches!

Boa noite!

adiós

adeus

dirección

direção

equipaje

bagagem

bolso

saco

mochila

mochila

invitado

convidado

habitación

quarto

bolsa de dormir

saco-cama

carpa

tenda

información turística

informação turística

playa

praia

tarjeta de crédito

cartão de crédito

desayuno

pequeno-almoço

almuerzo

almoço

cena

jantar

pasaje

bilhete

ascensor

elevador

sello

selo postal

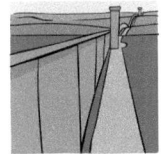

frontera

fronteira

aduana

alfândega

embajada

embaixada

visa

visto

pasaporte

passaporte

transporte
transporte

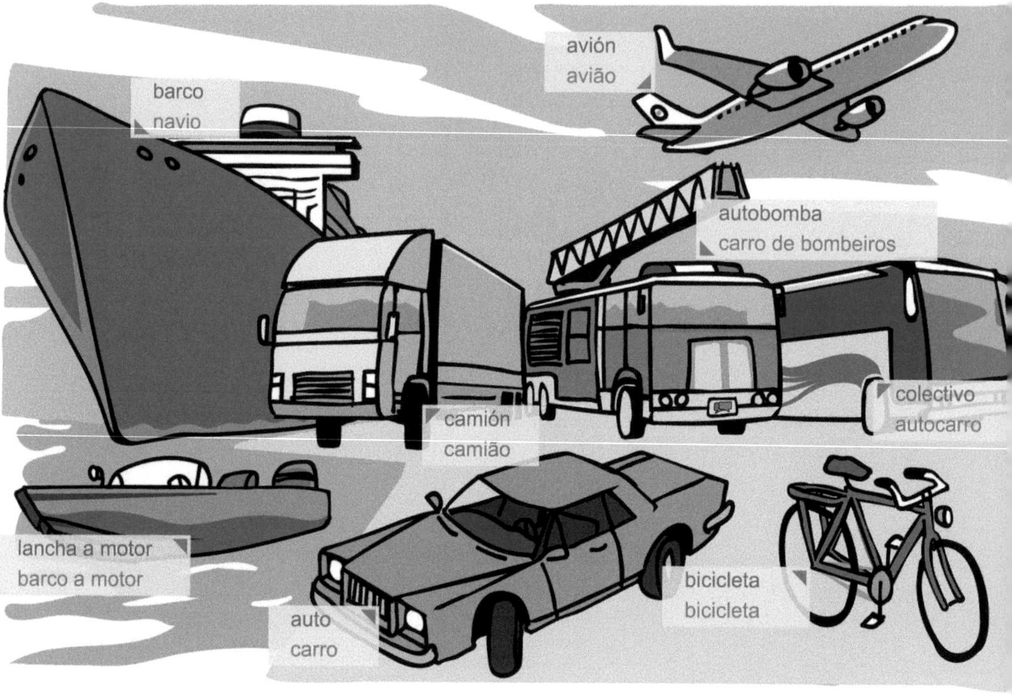
avión
avião
barco
navio
autobomba
carro de bombeiros
colectivo
autocarro
camión
camião
lancha a motor
barco a motor
bicicleta
bicicleta
auto
carro

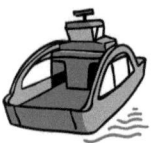

ferry

cacilheiro

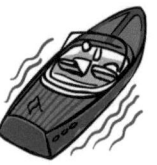

bote

barco

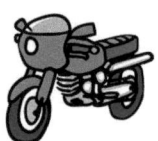

moto

mota

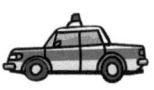

patrullero

carro de polícia

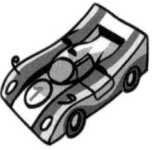

auto de carreras

carro de corrida

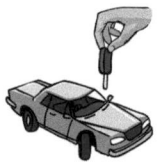

auto de alquiler

carro alugado

alquiler de autos

carsharing

grúa

camião de reboque

camión de basura

camião do lixo

motor

motor

nafta

combustível

estación de servicio

estação de serviço

señal de tránsito

sinal de trânsito

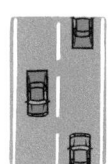

tránsito

trânsito

embotellamiento

congestionamento de trânsito

estacionamiento

arque de estacionamento

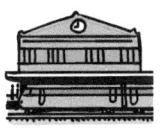

estación de tren

estação ferroviária

vías

carris

tren

comboio

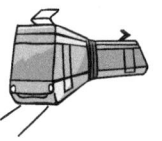

tranvía

elétrico

vagón

carruagem

helicóptero
helicóptero

aeropuerto
aeroporto

torre
torre

pasajero
passageiro

contenedor
contentor

caja de cartón
caixa de papelão

carretilla
carrinho

canasta
cesto

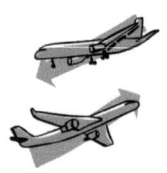

despegar / aterrizar
levantar voo / aterrar

ciudad
cidade

pueblo
aldeia

centro de ciudad
centro da cidade

casa
casa

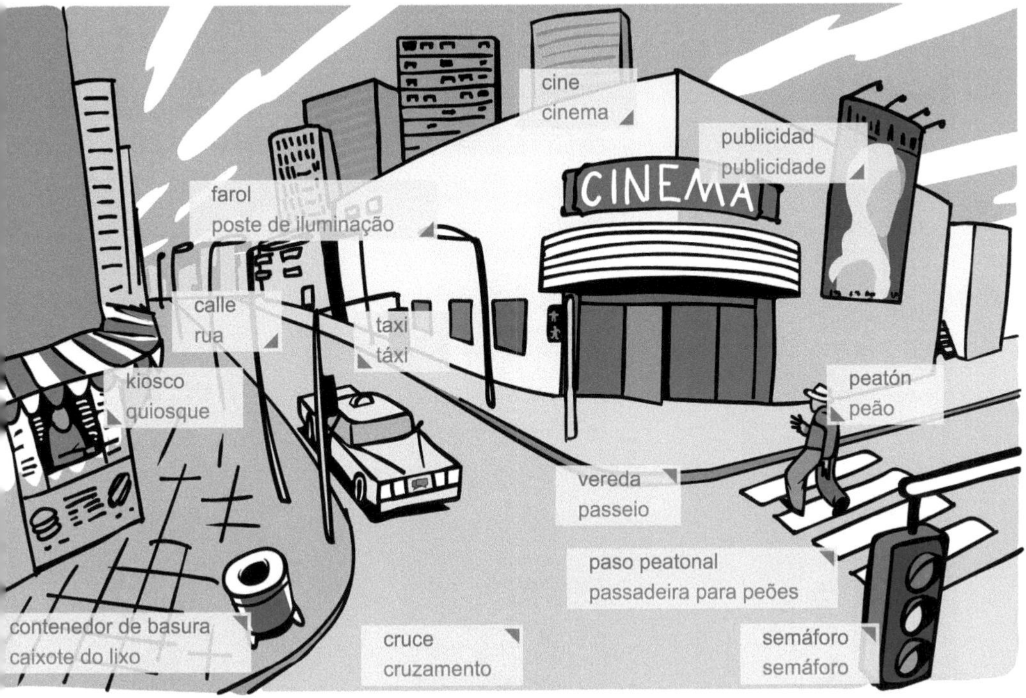

cine
cinema

publicidad
publicidade

farol
poste de iluminação

CINEMA

calle
rua

taxi
táxi

kiosco
quiosque

peatón
peão

vereda
passeio

paso peatonal
passadeira para peões

contenedor de basura
caixote do lixo

cruce
cruzamento

semáforo
semáforo

cabaña

cabana

departamento

apartamento

estación de tren

estação ferroviária

municipalidad

câmara municipal

museo

museu

colegio

escola

universidad

universidade

banco

banco

hospital

hospital

hotel

hotel

farmacia

farmácia

oficina

escritório

librería

livraria

negocio

loja

florería

florista

supermercado

supermercado

mercado

mercado

grandes tiendas

loja de departamentos

pescadería

peixaria

centro comercial

centro comercial

puerto

porto

parque
parque

banco
banco

puente
ponte

escaleras
escadas

subte
metro

túnel
túnel

parada del colectivo
paragem de autocarro

bar
bar

restaurante
restaurante

buzón
caixa de correio

letrero
sinal de trânsito

parquímetro
parquímetro

zoológico
jardim zoológico

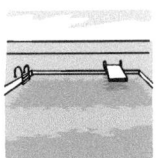

pileta
piscina

mezquita
mesquita

granja
quinta

contaminación
poluição

cementerio
cemitério

iglesia
igreja

juegos infantiles
parque infantil

templo
templo

paisaje
paisagem

hoja
folha

poste indicador
placa de sinalização

camino
caminho

pradera
prado

piedra
pedra

excursionista
caminhantes

árbol
árvore

río
rio

hierba
relva

flor
flor

valle

vale

montaña

montanha

lago

lago

bosque

floresta

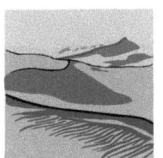

desierto

deserto

volcán

vulcão

castillo

castelo

arco iris

arco-íris

champiñón

cogumelo

palmera

palma

mosquito

mosquito

mosca

mosca

hormiga

formiga

abeja

abelha

araña

aranha

paisaje - paisagem

15

escarabajo

besouro

rana

sapo

ardilla

esquilo

erizo

ouriço

liebre

lebre

lechuza

coruja

pájaro

pássaro

cisne

cisne

jabalí

javali

ciervo

veado

alce

alce

presa

barragem

aerogenerador

turbina eólica

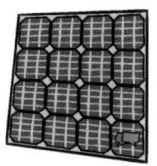

panel solar

painel solar

clima

clima

restaurante

restaurante

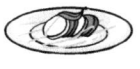

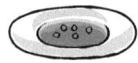

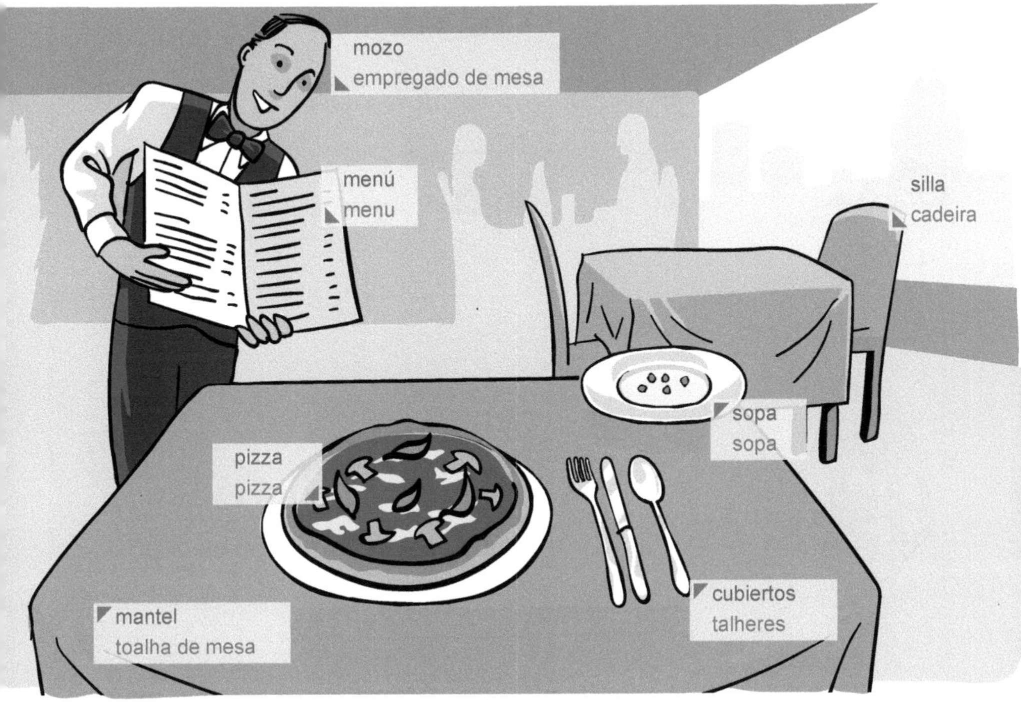
mozo
empregado de mesa
menú
menu
silla
cadeira
sopa
sopa
pizza
pizza
mantel
toalha de mesa
cubiertos
talheres

entrada

entrada

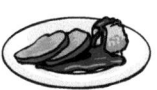

plato principal

prato principal

postre

sobremesa

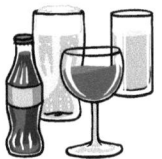

bebidas

bebidas

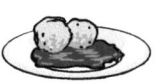

comida

comida

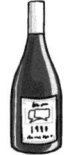

botella

garrafa

comida rápida

fast food

comida callejera

comida de rua

tetera

bule de chá

azucarera

açucareiro

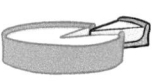

porción

porção

cafetera expreso

máquina de café expresso

sillita alta

cadeira alta

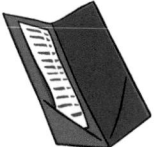

cuenta

conta

bandeja

bandeja

cuchillo

faca

tenedor

garfo

cuchara

colher

cucharita

colher de chá

servilleta

guardanapo

vaso

copo

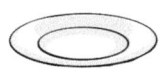

plato

prato

plato hondo

prato de sopa

plato

pires

salsa

molho

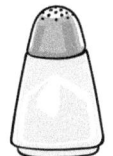

salero

saleiro

molinillo de pimienta

moinho de pimenta

vinagre

vinagre

aceite

óleo

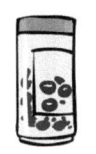

especias

especiarias

kétchup

ketchup

mostaza

mostarda

mayonesa

maionese

supermercado
supermercado

oferta especial
oferta especial
cliente
cliente
lácteos
laticínios
FOR
fruta
fruta
changuito
carrinho de compras

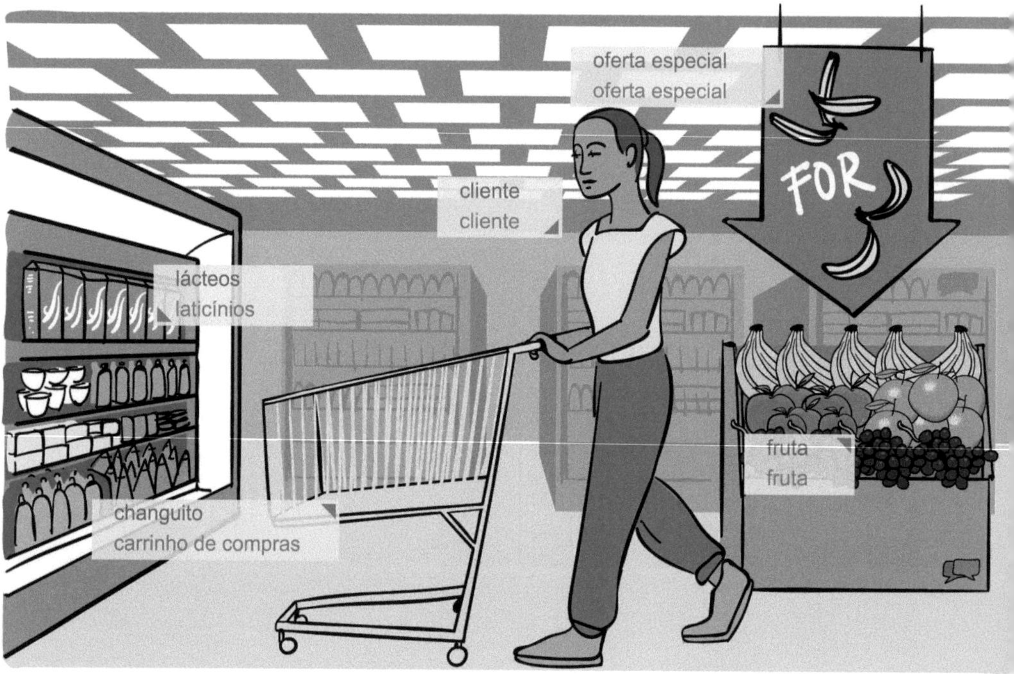

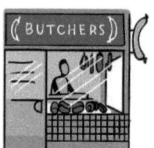

BUTCHERS

carnicería

talho

BAKERY

panadería

padaria

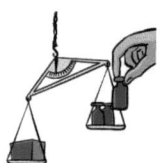

pesar

pesar

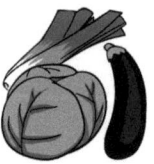

verduras

vegetais

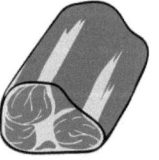

carne

carne

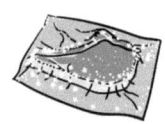

alimentos congelados

alimentos congelados

fiambres
charcutaria

alimentos enlatados
comida enlatada

detergente en polvo
detergente em pó

golosinas
doces

electrodomésticos
artigos domésticos

productos de limpieza
produtos de limpeza

vendedora
vendedora

caja
caixa

cajero
caixa

lista de compras
lista de compras

horario de atención
horário de funcionamento

billetera
carteira

tarjeta de crédito
cartão de crédito

cartera
saco

bolsa de plástico
saco de plástico

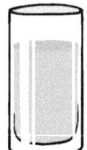

agua

água

jugo

sumo

leche

leite

bebida cola

coca-cola

vino

vinho

cerveza

cerveja

alcohol

álcool

cacao

cacau

té

chá

café

café

café expreso

café expresso

cappuccino

capuccino

banana

banana

manzana

maçã

naranja

laranja

melón

melão

limón

limão

zanahoria

cenoura

ajo

alho

bambú

bambu

cebolla

cebola

champiñón

cogumelo

nueces

nozes

fideos

talharim

tallarines

esparguete

arroz

arroz

ensalada

salada

papas fritas

batatas fritas

papas fritas

batatas fritas

pizza

pizza

hamburguesa

hambúrguer

sándwich

sanduíche

churrasco

bife panado

jamón

fiambre

salame

salame

salchicha

salsicha

pollo

galinha

asado

assado

pescado

peixe

copos de avena

flocos de aveia

muesli

muesli

copos de maíz

flocos de milho

harina

farinha

medialuna

croissant

pancito

carcaça (pãozinho)

pan

pão

tostada

torrada

galletitas

biscoitos

manteca

manteiga

cuajada

requeijão

torta

bolo

huevo

ovo

huevo frito

ovo estrelado

queso

queijo

helado
gelado

azúcar
açúcar

miel
mel

mermelada
compota

pasta de chocolate
creme de nougat

curry
caril

granja
casa de quinta

granero
celeiro

fardo de paja
fardo de palha

campo
campo

caballo
cavalo

remolque
reboque

tractor
trator

potrillo
potro

burro
burro

cordero
cordeiro

oveja
ovelha

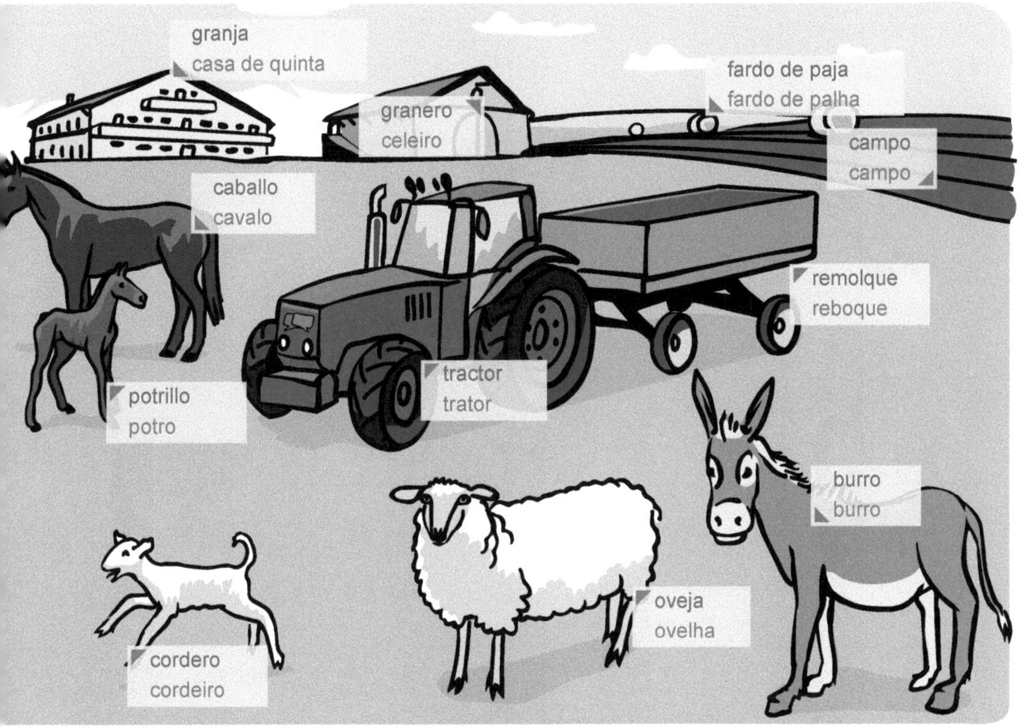

cabra

cabra

vaca

vaca

ternero

bezerro

cerdo

porco

lechón

leitão

toro

touro

granja - quinta

27

ganso

ganso

pato

pato

pollo

pintaínho

gallina

galinha

gallo

galo

rata

ratazana

gato

gato

ratón

rato

buey

boi

perro

cão

cucha

casota

manguera

mangueira de jardim

regadera

regador

guadaña

foice

arado

arado

hoz

foice

azada

enxada

horquilla

forquilha

hacha

machado

carretilla

carrinho de mão

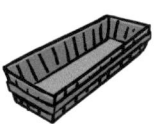

abrevadero

manjedoura

lechera

jarro de leite

bolsa

saco

reja

cerca

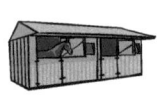

establo

estábulo

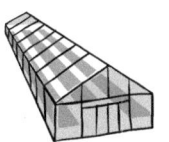

invernadero

estufa

suelo

solo

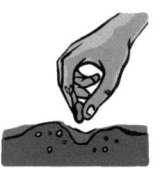

semilla

semente

fertilizador

fertilizante

cosechadora

ceifeira-debulhadora

cosechar
colher

cosecha
colheita

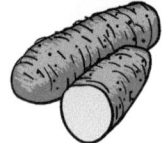

batatas
inhame

trigo
trigo

soja
soja

papa
batata

maíz
milho

semilla de colza
colza

árbol frutal
árvore de fruto

mandioca
mandioca

cereales
cereais

casa
casa

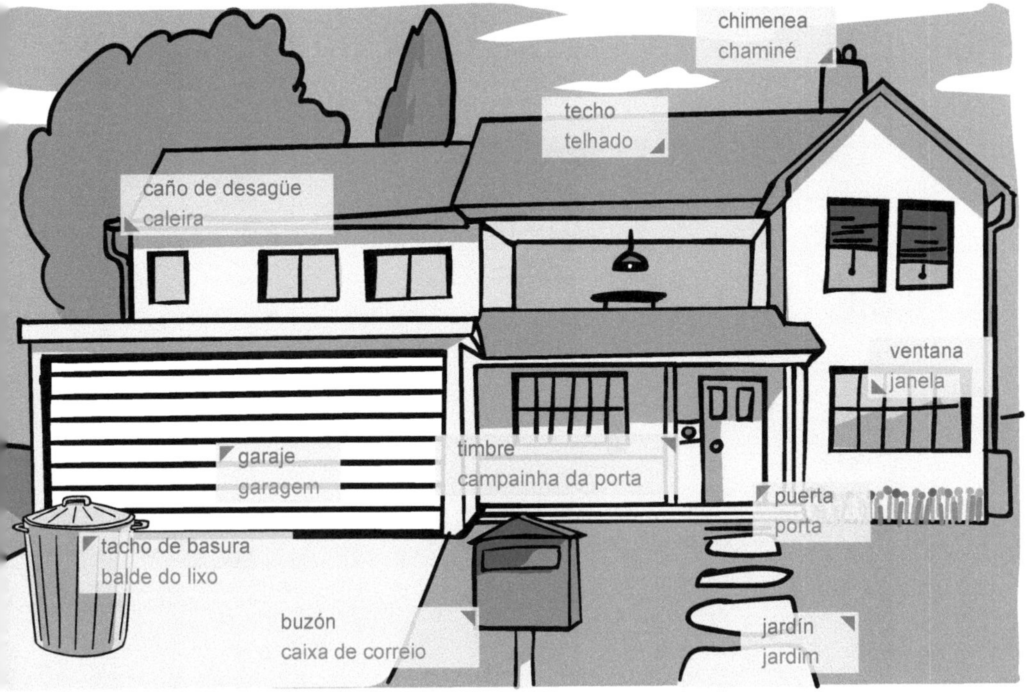

chimenea
chaminé
techo
telhado
caño de desagüe
caleira
ventana
janela
garaje
garagem
timbre
campainha da porta
puerta
porta
tacho de basura
balde do lixo
buzón
caixa de correio
jardín
jardim

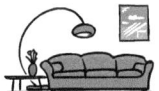

living
sala de estar

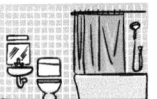

baño
casa de banho

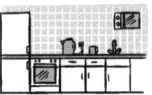

cocina
cozinha

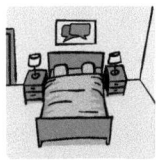

dormitorio
quarto de dormir

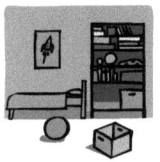

cuarto de los chicos
quarto de criança

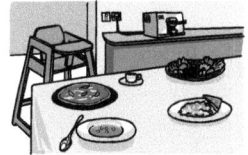

comedor
sala de jantar

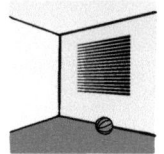

piso
chão

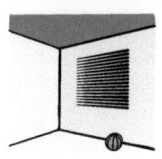

pared
parede

cielorraso
teto

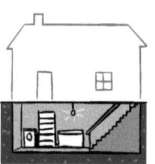

sótano
cave

sauna
sauna

balcón
varanda

terraza
terraço

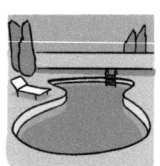

pileta
piscina

cortadora de pasto
máquina de cortar relvado

sábana
lençol

acolchado
cobertor

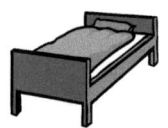

cama
cama

escoba
vassoura

balde
balde

interruptor
interruptor

living

sala de estar

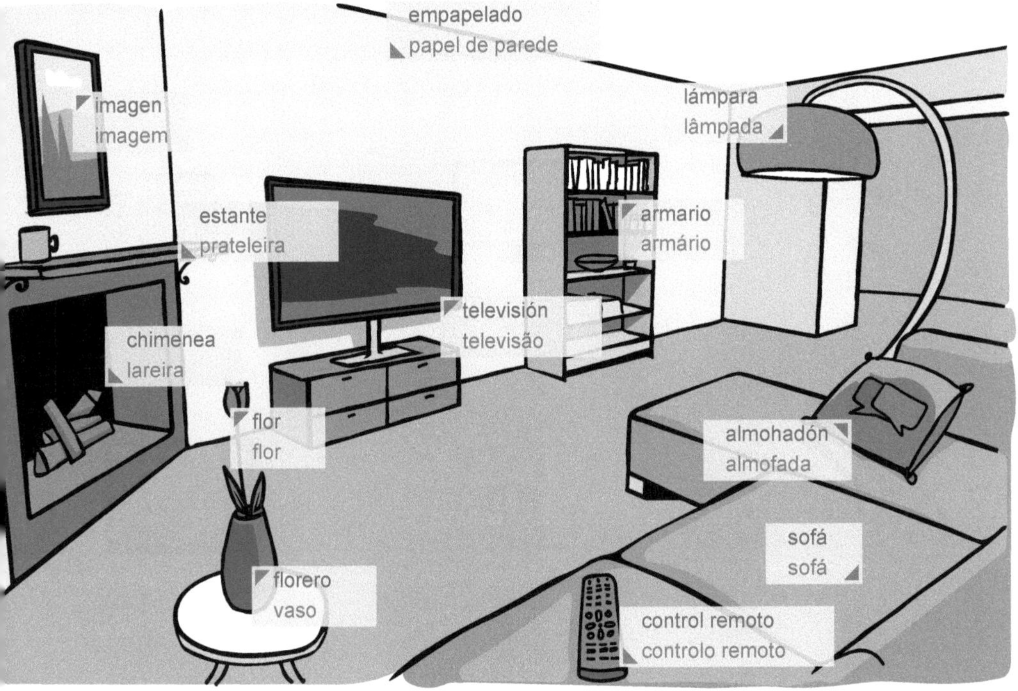
empapelado
papel de parede
imagen
imagem
lámpara
lâmpada
estante
prateleira
armario
armário
televisión
televisão
chimenea
lareira
flor
flor
almohadón
almofada
sofá
sofá
florero
vaso
control remoto
controlo remoto

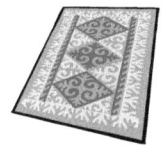

alfombra

tapete

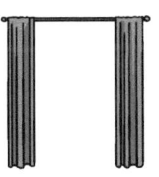

cortina

cortina

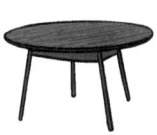

mesa

mesa

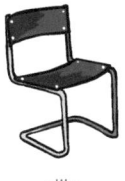

silla

cadeira

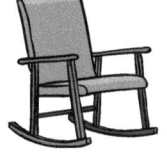

mecedora

cadeira de baloiço

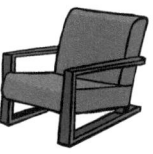

sillón

poltrona

libro
livro

frazada
cobertor

decoración
decoração

leña
lenha

película
filme

equipo de música
sistema estéreo

llave
chave

diario
jornal

pintura
pintura

póster
póster

radio
rádio

cuaderno
bloco de notas

aspiradora
aspirador

cactus
cato

vela
vela

cocina
cozinha

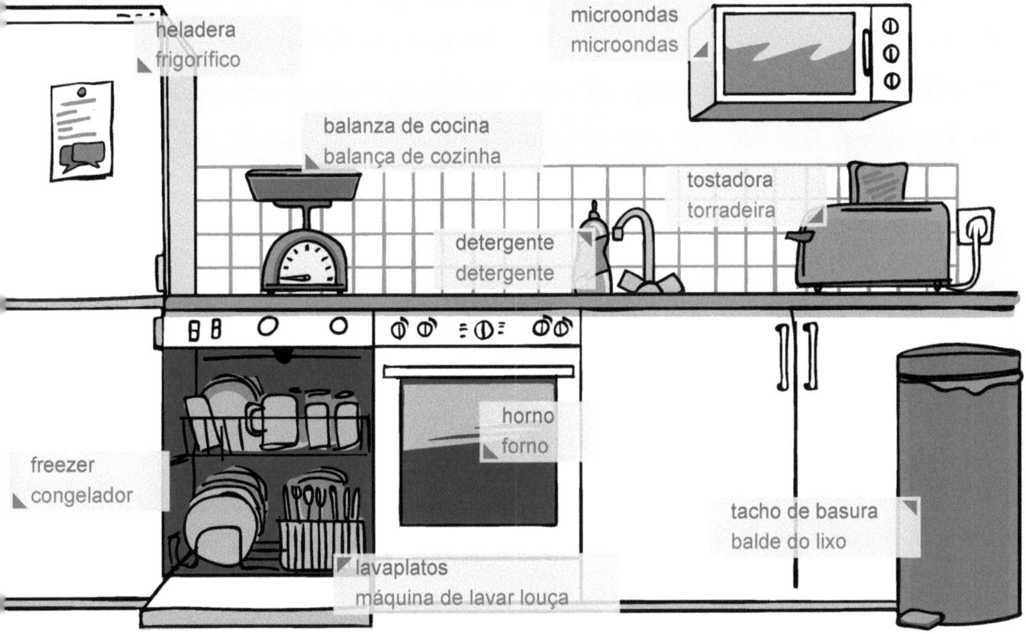
heladera
frigorífico
microondas
microondas
balanza de cocina
balança de cozinha
tostadora
torradeira
detergente
detergente
horno
forno
freezer
congelador
tacho de basura
balde do lixo
lavaplatos
máquina de lavar louça

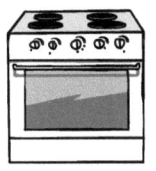

cocina

fogão

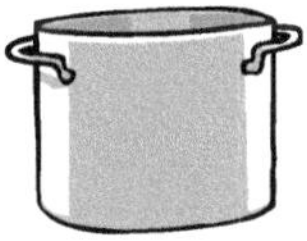

olla

panela

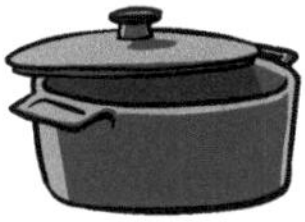

olla de hierro fundido

panela de ferro

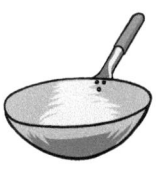

wok

wok / kadai

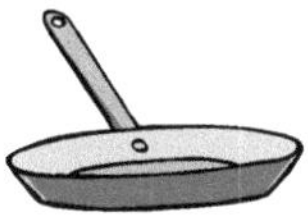

sartén

frigideira

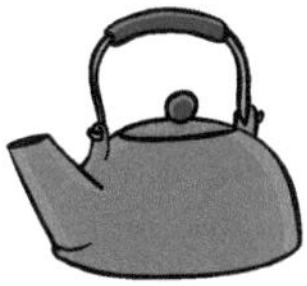

pava

chaleira

vaporera

panela a vapor

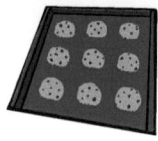

bandeja de horno

tabuleiro de forno

vajilla

louça

taza

caneca

bol

tigela

palitos

pauzinhos

cucharón

concha de sopa

estpátula

espátula

batidora

batedor de claras

colador

escorredor

colador

peneira

rallador

ralador

mortero

almofariz

parrilla

churrasqueira

fogata

lareira

tabla de picar

tábua de cortar

palo de amasar

rolo da massa

sacacorchos

saca-rolhas

lata

lata

abrelatas

abridor de latas

manopla

luvas de forno

pileta

lava-loiça

cepillo

escova

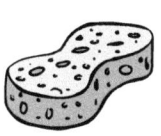

esponja

esponja

batidora

liquidificador

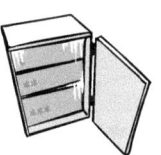

congelador

arca frigorífica

mamadera

biberão

canilla

torneira

baño

casa de banho

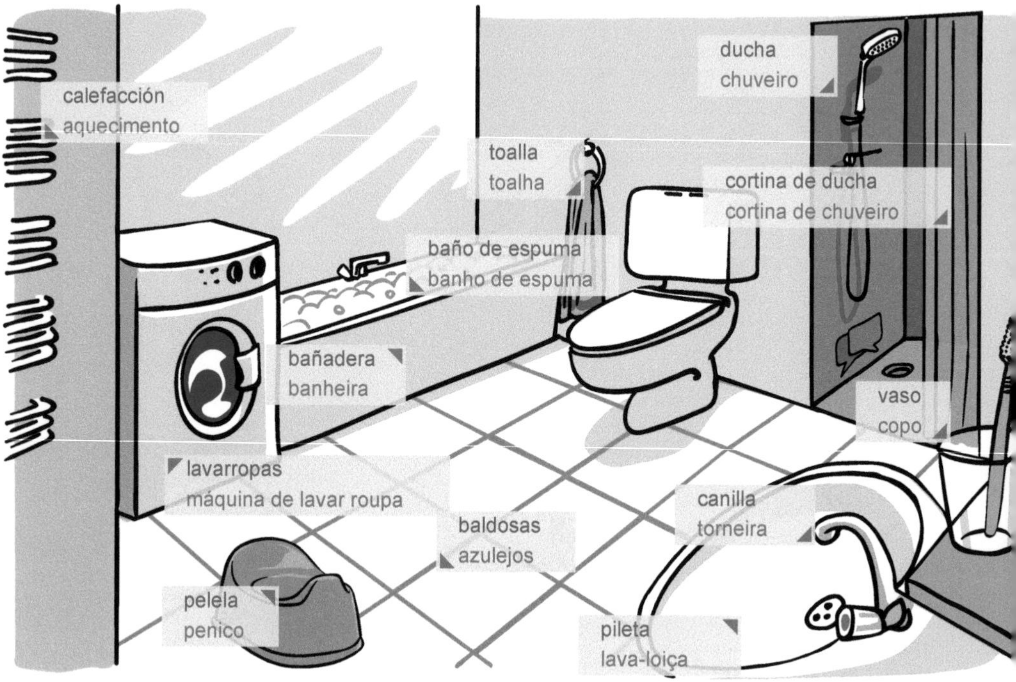

calefacción
aquecimento

ducha
chuveiro

toalla
toalha

cortina de ducha
cortina de chuveiro

baño de espuma
banho de espuma

bañadera
banheira

vaso
copo

lavarropas
máquina de lavar roupa

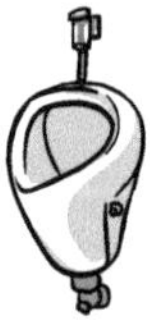

canilla
torneira

baldosas
azulejos

pelela
penico

pileta
lava-loiça

inodoro	letrina	bidé
sanita	retrete turca	bidé

mingitorio	papel higiénico	cepillo para el inodoro
urinol	papel higiénico	piaçaba

cepillo de dientes

escova de dentes

dentífrico

pasta de dentes

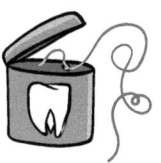

hilo dental

fio dentário

lavar

lavar

ducha de mano

chuveiro de mão

ducha higiénica

duche íntimo

palangana

bacia

cepillo para espalda

escova para as costas

jabón

sabonete

gel de ducha

gel de banho

shampoo

champô

toallita

toalha de rosto

desagüe

escoamento

crema

creme

desodorante

desodorizante

espejo
espelho

espejito
espelho de mão

maquinita de afeitar
máquina de barbear

espuma de afeitar
creme de barbear

aftershave
loção pós-barba

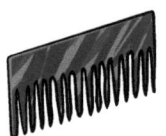

peine
pente

cepillo
escova

secador de pelo
secador de cabelo

spray
spray de cabelo

maquillaje
maquilhagem

lápiz de labios
batom

esmalte para uñas
verniz de unhas

algodón
algodão

tijera para uñas
tesoura para unhas

perfume
perfume

portacosméticos

nécessaire

banqueta

tamborete

balanza

balança

bata

roupão de banho

guantes de goma

luvas de borracha

tampón

tampão

toallita femenina

penso higiénico

baño químico

WC químico

cuarto de los chicos
quarto de criança

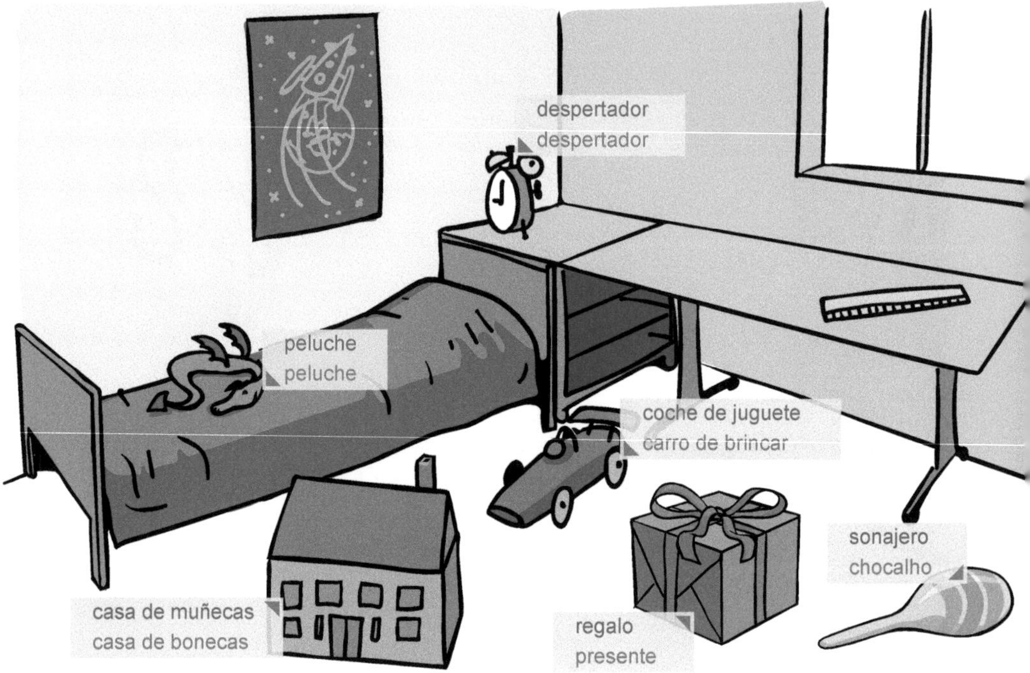

despertador
despertador

peluche
peluche

coche de juguete
carro de brincar

sonajero
chocalho

casa de muñecas
casa de bonecas

regalo
presente

globo
balão

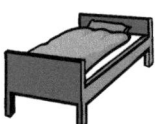

cama
cama

cochecito
carrinho de bebé

cartas
jogo de cartas

rompecabezas
quebra-cabeças

historieta
banda desenhada

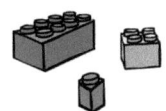

piezas de lego

peças de Lego

ladrillos de juguete

blocos de construção

figura de acción

figura de ação

enterito (de bebé)

fato de bebé

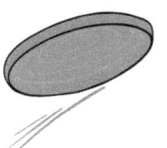

frisbee

Frisbee

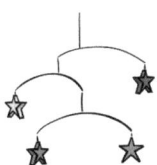

móvil para bebés

móbile para bebé

juego de mesa

jogo de tabuleiro

dados

dados

tren eléctrico

pista de comboio elétrico

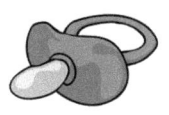

chupete

chupeta

fiesta

festa

libro de cuentos ilustrado

livro ilustrado

pelota

bola

muñeca

boneca

jugar

jogar

arenero

caixa de areia

hamaca

baloiço

juguetes

brinquedos

consola de videojuegos

consola de jogos

triciclo

triciclo

osito de peluche

ursinho de peluche

armario

guarda-roupa

ropa

vestuário

medias

meias

medias panty

meias pelo joelho

calzas

meias-calças

bufanda
cachecol

cinturón
cinto

paraguas
guarda-chuva

remera
t-shirt

zapatillas
sapatilhas

botas
botas

pantuflas
chinelos

sandalias
....
sandálias

zapatos
....
sapatos

botas de goma
....
botas de borracha

ropa interior
....
cuecas

corpiño
....
sutiã

chaleco
....
camisola interior

body
body

pantalones
calças

jeans
calças de ganga

pollera
saia

blusa
blusa

camisa
camisa

pulóver
pulôver

buzo
camisola com capuz

blazer
blazer

campera
casaco

tapado
manto

piloto
gabardina

traje
traje

vestido
vestido

vestido de novia
vestido de casamento

traje
fato

camisón
camisa de dormir

pijama
pijama

sari
sari

pañuelo para cabeza
lenço de cabeça

turbante
turbante

burka
burca

caftán
cafetã

abaya
abaya

traje de baño
fato de banho

short de baño
calções de banho

shorts
calções

jogging
fato de treino

delantal
avental

guantes
luvas

botón

botão

anteojos

óculos

pulsera

pulseira

collar

colar

anillo

anel

aro

brinco

gorra

boné

percha

cabide

sombrero

chapéu

corbata

gravata

cierre

fecho de correr

casco

capacete

tiradores

suspensórios

uniforme escolar

uniforme escolar

uniforme

uniforme

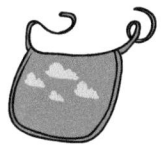

babero

babete

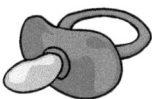

chupete

chupeta

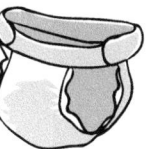

pañal

fralda

oficina
escritório

servidor
servidor
archivero
armário de arquivo
impresora
impressora
papel
papel
monitor
ecrã
mouse
rato
escritorio
secretária
carpeta
pasta
teclado
teclado
tacho (de basura)
cesto de lixo
computadora
computador
silla
cadeira

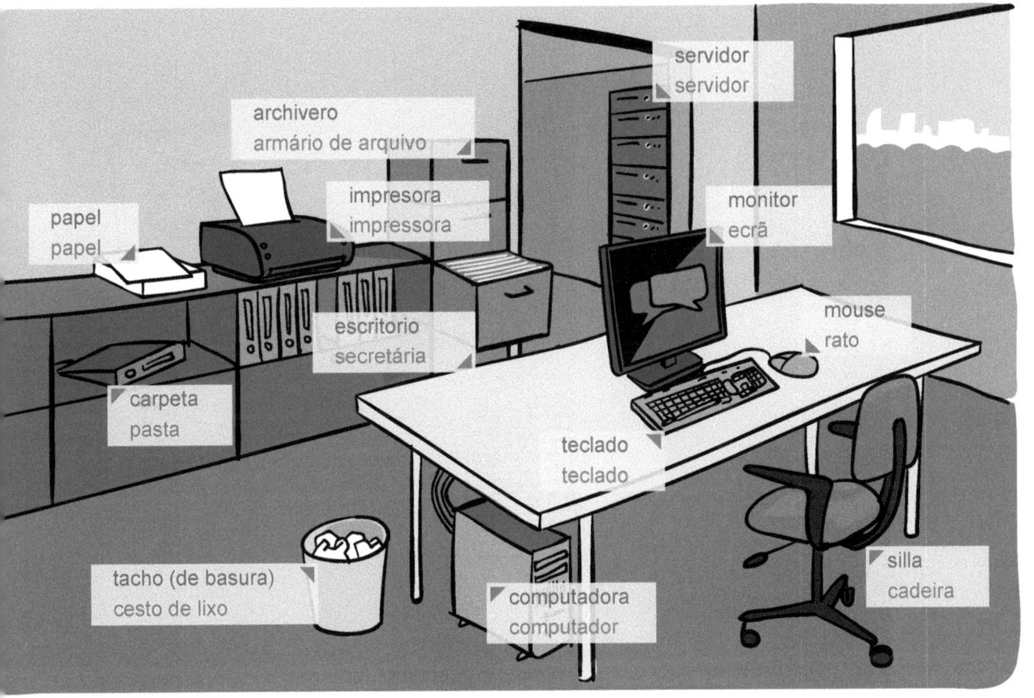

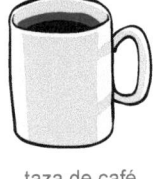

taza de café

caneca de café

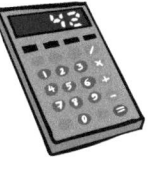

calculadora

calculadora

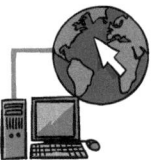

internet

internet

laptop

computador portátil

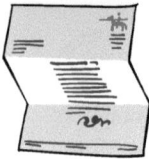

carta

carta

mensaje

mensagem

celular

telemóvel

red

rede

fotocopiadora

fotocopiadora

software

software

teléfono

telefone

tomacorriente

tomada elétrica

fax

fax

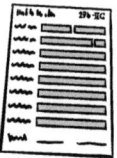

formulario

formulário

documento

documento

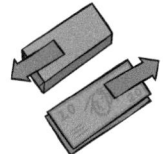

comprar
comprar

pagar
pagar

hacer negocios
negociar

dinero
dinheiro

 **USD**

dólar
dólar

 **EUR**

euro
euro

 **JPY**

yen
yen

 **RUB**

rublo
rublo

 **CHF**

franco suizo
franco suíço

 **CNY**

yuan
renminbi yuan

 **INR**

rupia
rupia

cajero automático
caixa de multibanco

casa de cambio
casa de câmbio

oro
ouro

plata
prata

petróleo
petróleo

energía
energia

precio
preço

contrato
contrato

impuesto
imposto

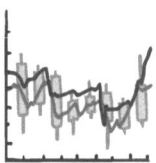

acción
ação

trabajar
trabalhar

empleado
empregado

empleador
entidade patronal

fábrica
fábrica

negocio
loja

ocupaciones

profissões

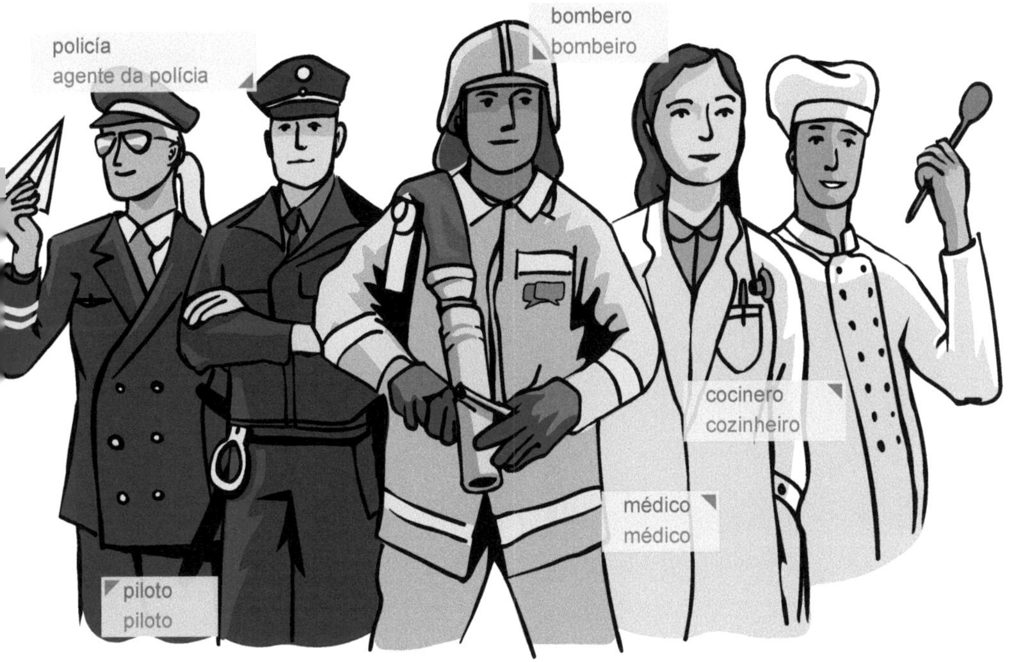
bombero
bombeiro
policía
agente da polícia
cocinero
cozinheiro
médico
médico
piloto
piloto

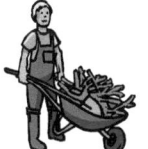

jardinero

jardineiro

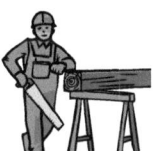

carpintero

carpinteiro

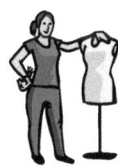

modista

costureira

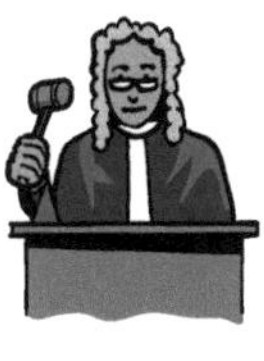

juez

juiz

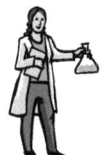

farmacéutico

químico

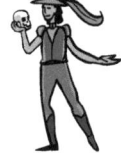

actor

ator

colectivero

motorista de autocarro

taxista

motorista de táxi

pescador

pescador

mucama

empregada de limpeza

techista

telhador

mozo

empregado de mesa

cazador

caçador

pintor

pintor

panadero

padeiro

electricista

eletricista

albañil

construtor

ingeniero

engenheiro

carnicero

talhante

plomero

canalizador

cartero

carteiro

soldado

soldado

arquitecto

arquiteto

cajero

caixa

florista

florista

peluquero

cabeleireiro

cobrador

controlador de bilhetes

mecánico

mecânico

capitán

capitão

dentista

dentista

científico

cientista

rabino

rabino

imán

imã

monje

monge

sacerdote

pastor

herramientas
ferramentas

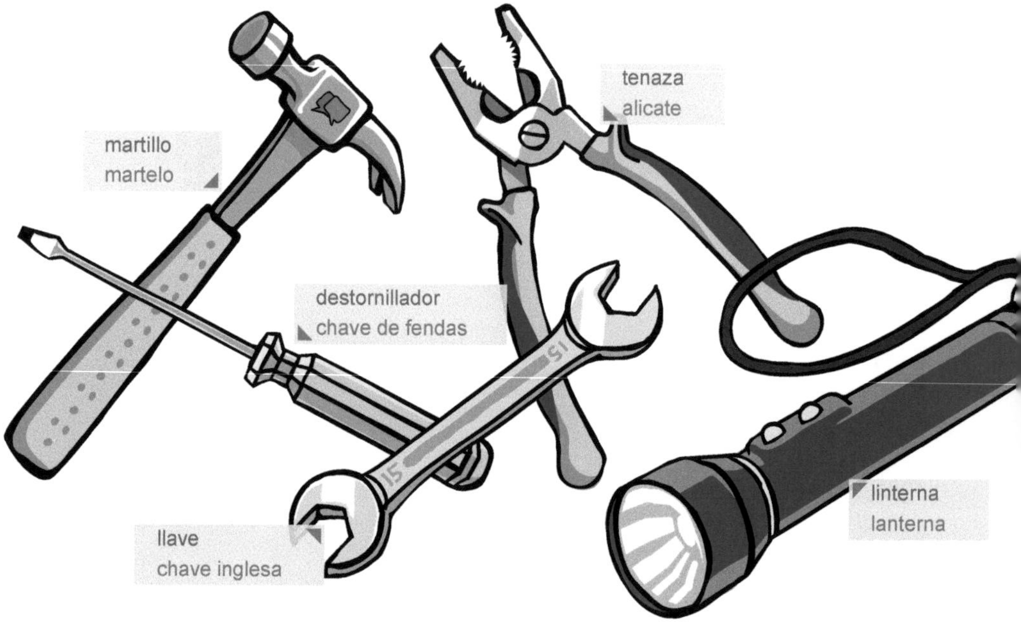
martillo
martelo
tenaza
alicate
destornillador
chave de fendas
llave
chave inglesa
linterna
lanterna

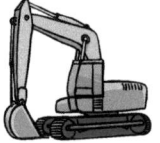

excavadora

escavadora

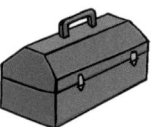

caja de herramientas

caixa de ferramentas

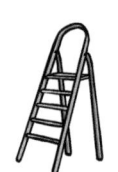

escalera portátil

escadote

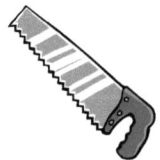

sierra

serra

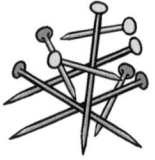

clavos

pregos

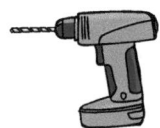

taladro

broca

arreglar
reparar

pala de jardín
pá

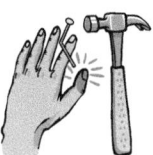

¡Qué bronca!
porcaria!

pala de plástico
pá de lixo

tacho de pintura
pote de tinta

tornillos
parafusos

instrumentos musicales
instrumentos musicais

parlante
altifalante

batería
bateria

guitarra
guitarra

contrabajo
contrabaixo

trompeta
trompete

piano
piano

violín
violino

bajo
baixo

timbales
timbales

tambor
tambor

teclado
teclado

saxofón
saxofone

flauta
flauta

micrófono
microfone

zoológico
jardim zoológico

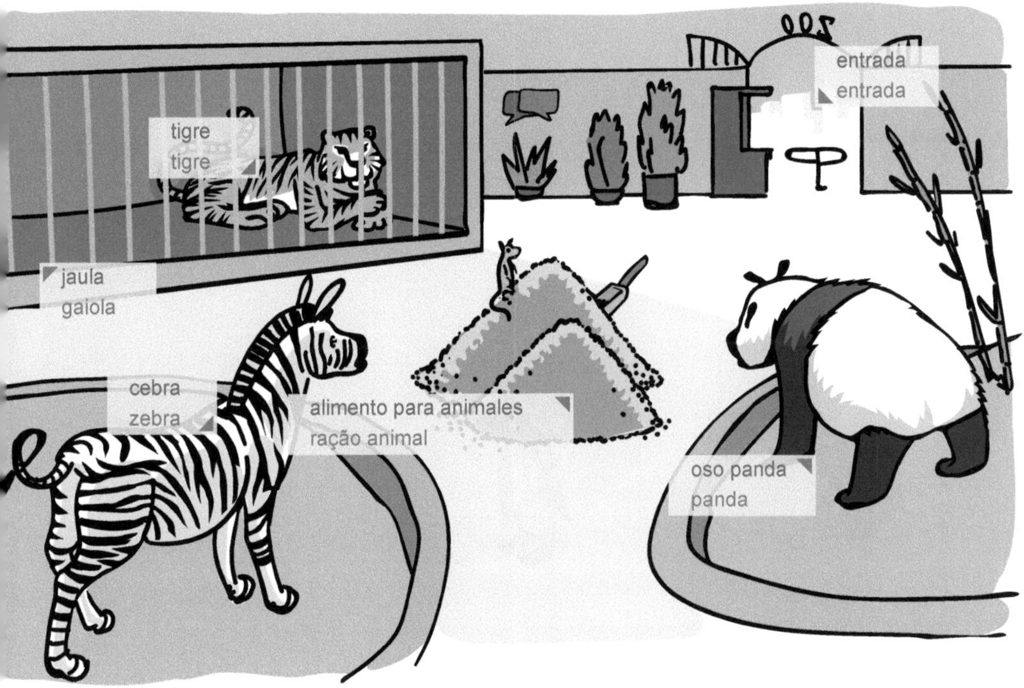

entrada
entrada
tigre
tigre
jaula
gaiola
cebra
zebra
alimento para animales
ração animal
oso panda
panda

animales
animais

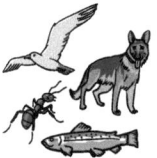

elefante
elefante

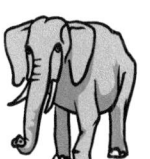

canguro
canguru

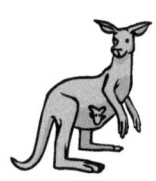

rinoceronte
rinoceronte

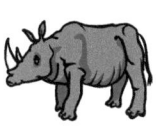

gorila
gorila

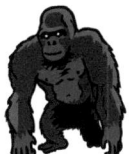

oso
urso

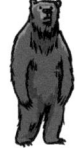

camello

camelo

avestruz

avestruz

león

leão

mono

macaco

flamenco

flamingo

loro

papagaio

oso polar

urso polar

pingüino

pinguim

tiburón

tubarão

pavo real

pavão

serpiente

cobra

cocodrilo

crocodilo

cuidador del zoológico

guarda do jardim zoológico

foca

foca

jaguar

jaguar

zoológico - jardim zoológico

poni
pónei

leopardo
leopardo

hipopótamo
hipopótamo

jirafa
girafa

águila
águia

jabalí
javali

pescado
peixe

tortuga
tartaruga

morsa
morsa

zorro
raposa

gacela
gazela

fútbol americano
futebol americano

ciclismo
ciclismo

tenis
ténis

básquet
basquetebol

natación
natação

boxeo
boxe

hockey sobre hielo
hóquei no gelo

fútbol
futebol

bádminton
badminton

atletismo
atletismo

handball
andebol

esquí
esqui

polo
polo

actividades
atividades

reír
rir
saltar
saltar
abrazar
abraçar
caminar
andar
cantar
cantar
soñar
sonhar
rezar
rezar
besar
beijar

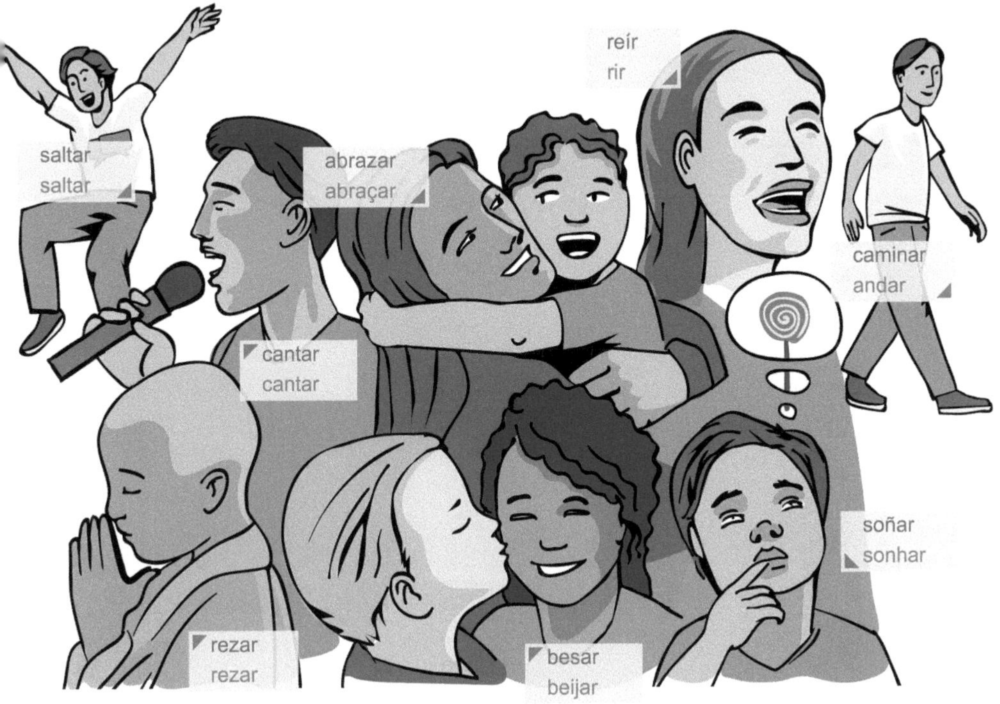

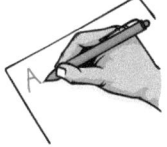

escribir

escrever

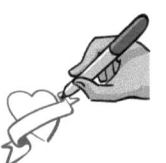

dibujar

desenhar

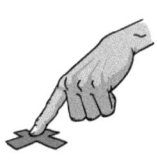

mostrar

mostrar

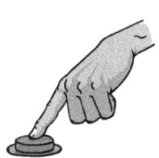

presionar

empurrar

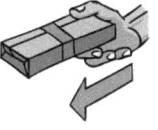

dar

dar

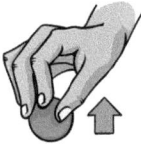

tomar

tomar

tener
ter

hacer
fazer

ser
ser

estar parado
ficar de pé

correr
correr

tirar
puxar

tirar
remessar

caer
cair

estar acostado
deitar

esperar
esperar

llevar
carregar

estar sentado
sentar

vestirse
vestir

dormir
dormir

despertar
acordar

mirar

olhar para

llorar

chorar

acariciar

acariciar

peinar

pentear

hablar

falar

entender

compreender

preguntar

perguntar

escuchar

ouvir

beber

beber

comer

comer

ordenar

arrumar

amar

amar

cocinar

cozinhar

manejar

conduzir

volar

voar

navegar

velejar

calcular

calcular

leer

ler

aprender

aprender

trabajar

trabalhar

casarse

casar

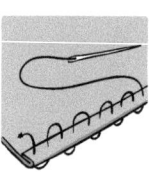

coser

costurar

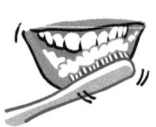

cepillarse los dientes

escovar os dentes

matar

matar

fumar

fumar

enviar

enviar

familia
família

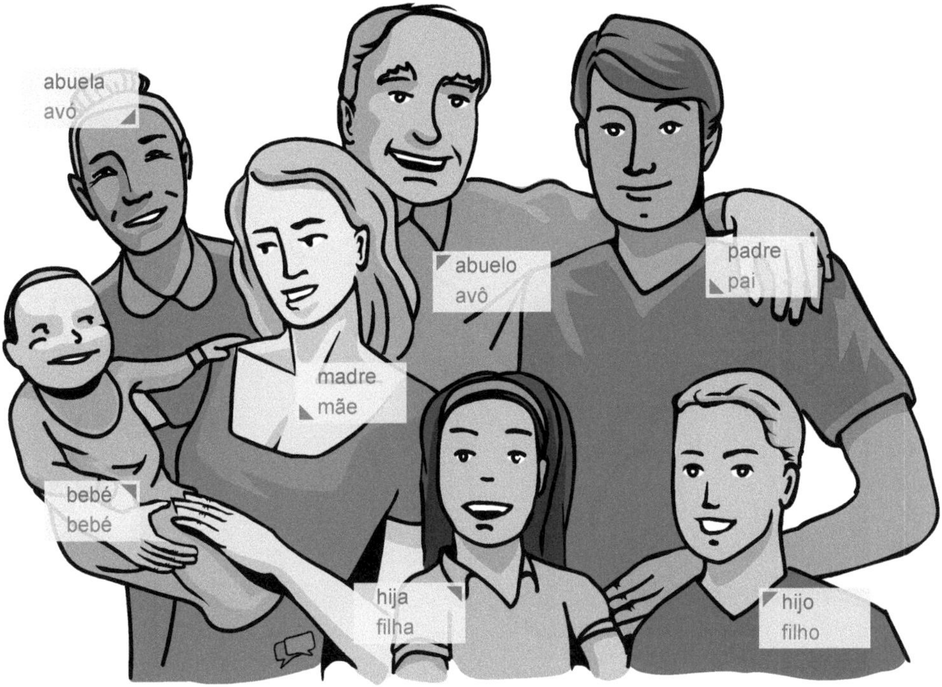
abuela
avó
abuelo
avô
padre
pai
madre
mãe
bebé
bebé
hija
filha
hijo
filho

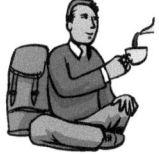

invitado

convidado

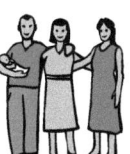

tía

tia

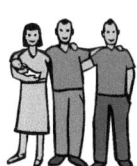

tío

tio

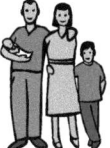

hermano

irmão

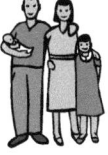

hermana

irmã

cuerpo
corpo

frente
testa
ojo
olho
hombro
ombro
dedo
dedo
cara
cara
pera
queixo
mano
mão
pecho
peito
pierna
perna
brazo
braço

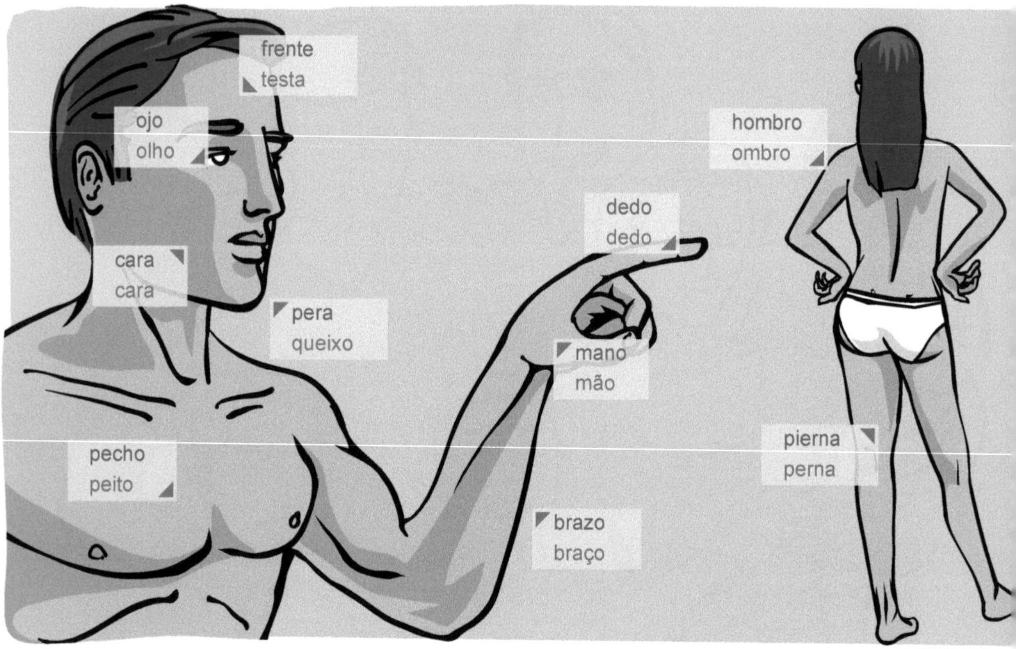

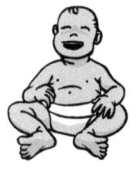

bebé
bebé

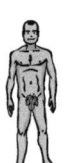

hombre
homem

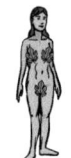

mujer
mulher

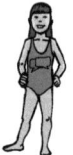

nena
menina

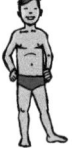

nene
menino

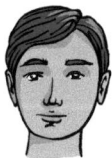

cabeza
cabeça

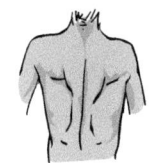

espalda

costas

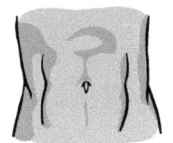

panza

barriga

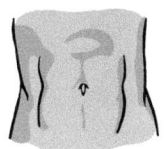

ombligo

umbigo

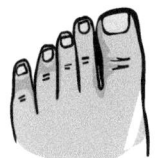

dedo del pie

dedo do pé

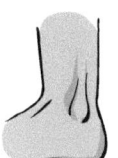

talón

calcanhar

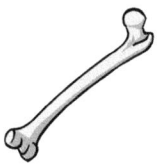

hueso

osso

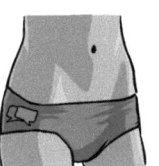

cadera

anca

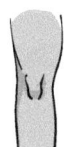

rodilla

joelho

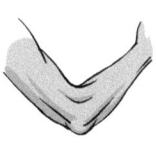

codo

cotovelo

nariz

nariz

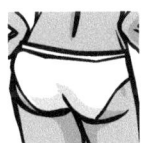

cola

nádegas

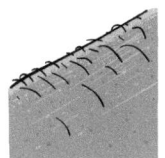

piel

pele

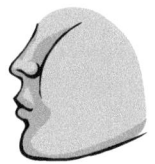

cachete

bochecha

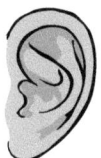

oreja

orelha

labio

lábio

cuerpo - corpo

boca
boca

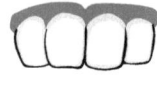

diente
dente

lengua
língua

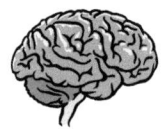

cerebro
cérebro

corazón
coração

músculo
músculo

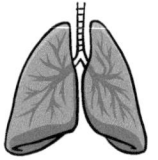

pulmón
pulmão

hígado
fígado

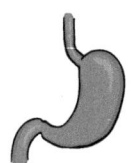

estómago
estômago

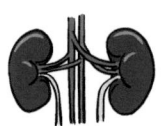

riñones
rins

sexo
relações sexuais

preservativo
preservativo

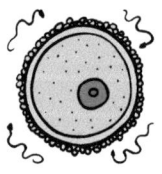

óvulo
óvulo

semen
esperma

embarazo
gravidez

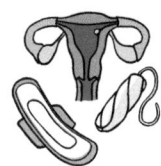

menstruación

menstruação

vagina

vagina

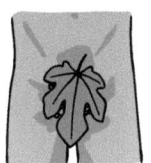

pene

pénis

ceja

sobrancelha

pelo

cabelo

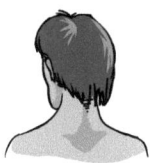

cuello

pescoço

hospital
hospital

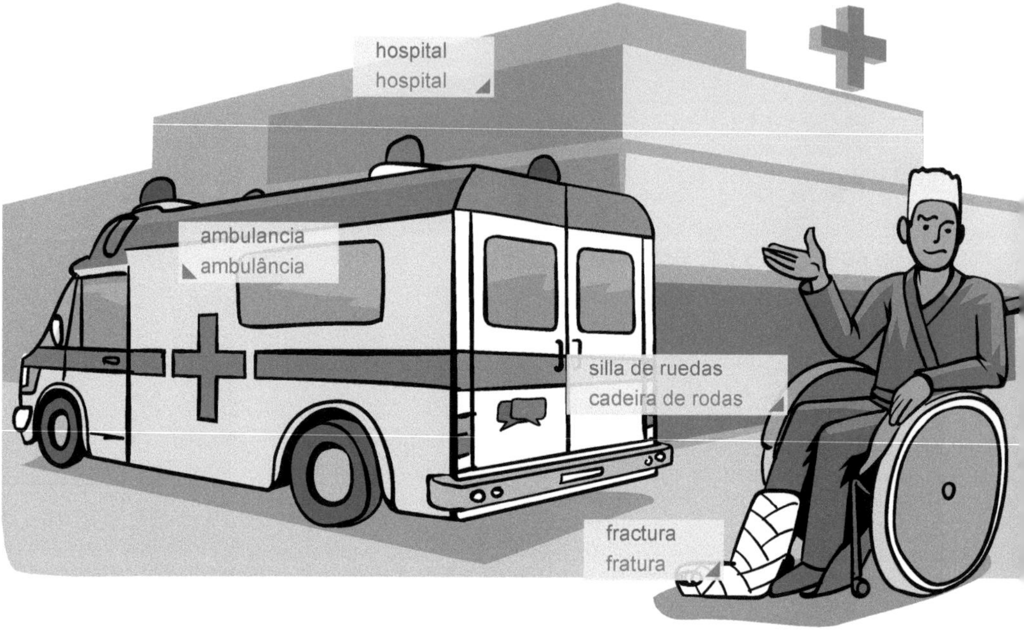

hospital
hospital
ambulancia
ambulância
silla de ruedas
cadeira de rodas
fractura
fratura

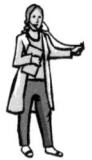

médico
médico

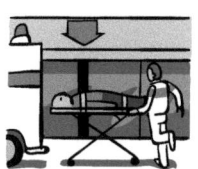

sala de guardia
serviço de urgências

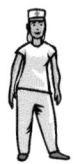

enfermera
enfermeira

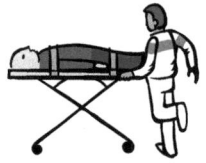

emergencia
emergência

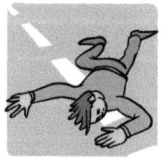

inconsciente
inconsciente

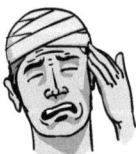

dolor
dor

lesión
ferimento

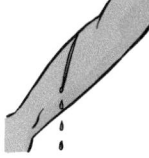

hemorragia
hemorragia

infarto
ataque cardíaco

ACV
acidente vascular cerebral

alergia
alergia

tos
tosse

fiebre
febre

gripe
gripe

diarrea
diarreia

dolor de cabeza
dor de cabeça

cáncer
cancro

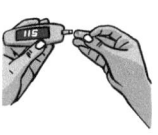

diabetes
diabetes

cirujano
cirurgião

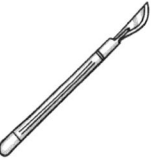

bisturí
bisturi

operación
operação

TC
CT

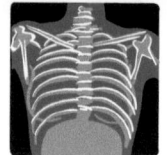

rayos x
raio x

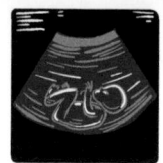

ecografía
ultrassom

barbijo
máscara

enfermedad
doença

sala de espera
sala de espera

muleta
muleta

curita
penso rápido

venda
ligadura

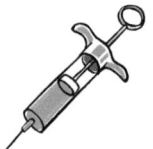

inyección
injeção

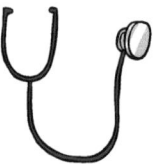

estetoscopio
estetoscópio

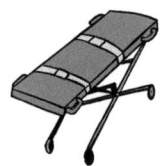

camilla
maca

termómetro
termómetro

nacimiento
nascimento

sobrepeso
excesso de peso

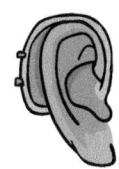

audífono
aparelho auditivo

desinfectante
desinfetante

infección
infeção

virus
vírus

VIH / SIDA
HIV / SIDA

remedio
medicamento

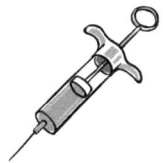

vacunación
vacinação

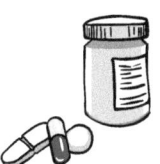

comprimidos
comprimidos

pastilla anticonceptiva
pílula

llamada de emergencia
chamada de emergência

tensiómetro
dispositivo de medição de
pressão arterial

enfermo / sano
doente / saudável

¡Ayuda!

Socorro!

alarma

alarme

agresión

assalto

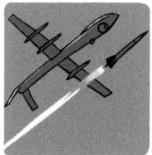

ataque

ataque

peligro

perigo

salida de emergencia

saída de emergência

¡Fuego!

Fogo!

matafuego

extintor de incêndios

accidente

acidente

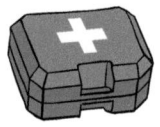

botiquín de primeros
auxilios

estojo de primeiros socorros

SOS

SOS

policía

polícia

Europa
Europa

América del Norte
América do Norte

América del Sur
América do Sul

África
África

Asia
Ásia

Australia
Austrália

Atlántico
Atlântico

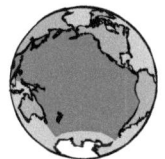

Pacífico
Pacífico

Océano Índico
Oceano Índico

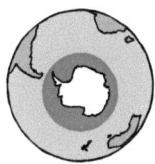

Océano Antártico
Oceano Antártico

Océano Ártico
Oceano Ártico

polo norte
Polo Norte

polo sur

Polo Sul

Antártida

Antártica

Tierra

terra

tierra

país

mar

mar

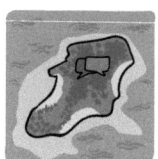

isla

ilha

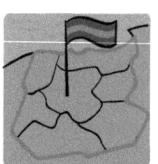

nación

nação

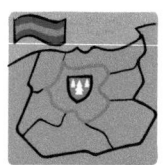

estado

estado

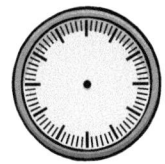

esfera

mostrador do relógio

manecilla de las horas

ponteiro das horas

minutero

ponteiro dos minutos

segundero

ponteiro dos segundos

¿Qué hora es?

Que horas são?

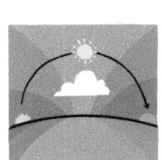

día

dia

hora

tempo

ahora

agora

reloj digital

relógio digital

minuto

minuto

hora

hora

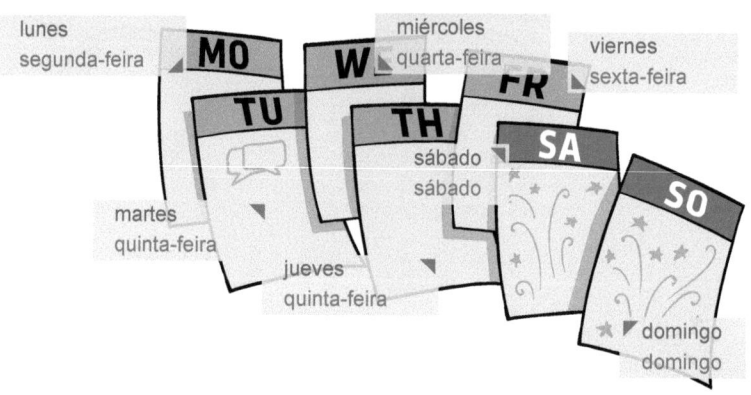

lunes
segunda-feira

miércoles
quarta-feira

viernes
sexta-feira

sábado
sábado

martes
quinta-feira

jueves
quinta-feira

domingo
domingo

ayer

ontem

hoy

hoje

mañana

amanhã

mañana

manhã

mediodía

meio-dia

tarde

entardecer

MO	TU	WE	TH	FR	SA	SU
1	2	3	4	5	6	7
8	9	10	11	12	13	14
15	16	17	18	19	20	21
22	23	24	25	26	27	28
29	30	31	1	2	3	4

días hábiles

dias úteis

MO	TU	WE	TH	FR	SA	SU
1	2	3	4	5	6	7
8	9	10	11	12	13	14
15	16	17	18	19	20	21
22	23	24	25	26	27	28
29	30	31	1	2	3	4

fin de semana

fim de semana

año
ano

lluvia
chuva
arco iris
arco-íris
nieve
neve
viento
vento
primavera
primavera
otoño
outono
verano
verão
invierno
inverno

4.APRIL 11°
5.APRIL 4°
6.APRIL 13°
7.APRIL 8°
8.APRIL 10°

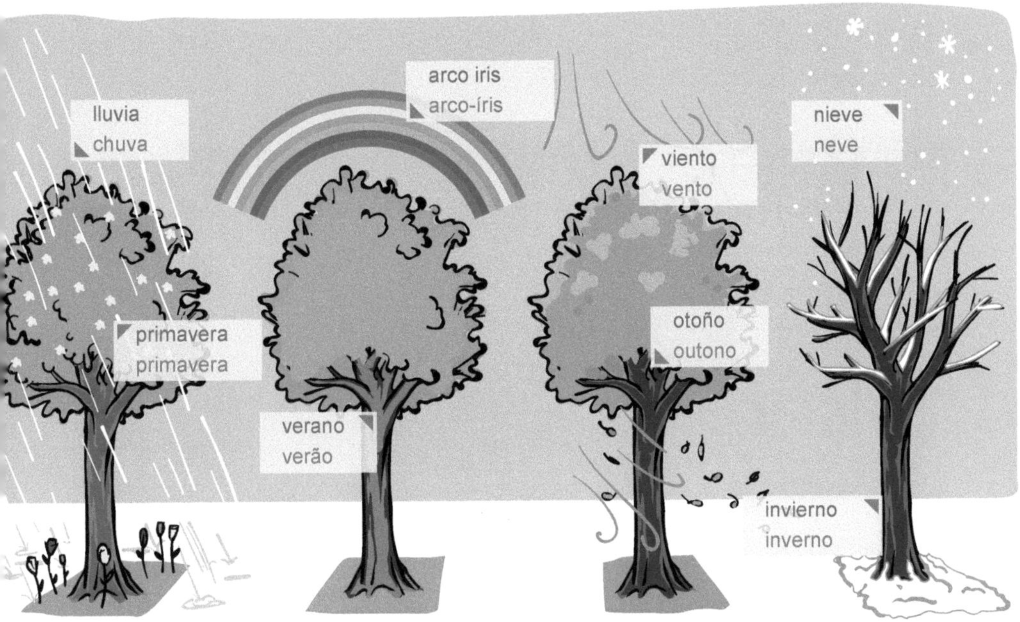

pronóstico meteorológico

previsão do tempo

F
C
120
90
60
30
0
-30
40
30
20
10
0
-10
-20

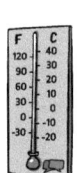

termómetro

termómetro

luz del sol

raios de sol

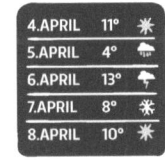

nube

nuvem

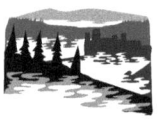

niebla

neblina / nevoeiro

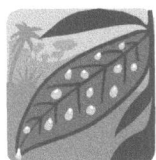

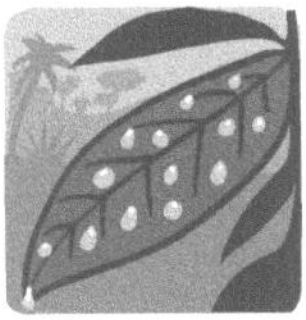

humedad

humidade do ar

rayo

relâmpago

trueno

trovão

tormenta

tempestade

granizo

granizo

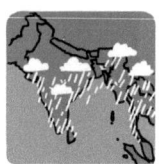

monzón

monção

inundación

inundação

hielo

gelo

enero

janeiro

febrero

fevereiro

marzo

março

abril

abril

mayo

maio

junio

junho

julio

julho

agosto

agosto

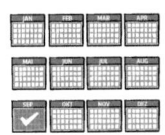

septiembre
....
setembro

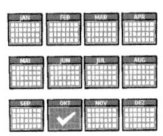

octubre
....
outubro

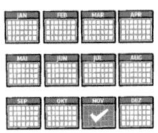

noviembre
....
novembro

diciembre
....
dezembro

formas
formas

círculo
....
círculo

cuadrado
....
quadrado

rectángulo
....
retângulo

triángulo
....
triângulo

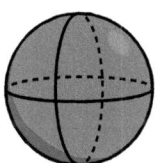

esfera
....
esfera

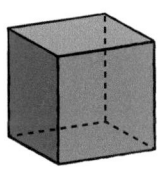

cubo
....
cubo

blanco
....
branco

amarillo
....
amarelo

naranja
....
laranja

rosa
....
rosa

rojo
....
vermelho

violeta
....
lilás

azul
....
azul

verde
....
verde

marrón
....
castanho

gris
....
cinzento

negro
....
preto

mucho / poco

muito / pouco

enojado / tranquilo

furioso / calmo

lindo / feo

lindo / feio

principio / fin

princípio / fim

grande / chico

grande / pequeno

claro / oscuro

claro / escuro

hermano / hermana

irmão / irmã

limpio / sucio

limpo / sujo

completo / incompleto

completo / incompleto

día / noche

dia / noite

muerto / vivo

morto / vivo

ancho / angosto

largo / estreito

comestible / no comestible

comestível / não comestível

malo / amable

mau / gentil

entusiasmado / aburrido

entusiasmado / entediado

gordo / flaco

gordo / magro

primero / último

primeiro / último

amigo / enemigo

amigo / inimigo

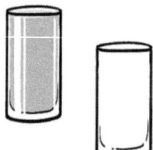

lleno / vacío

cheio / vazio

duro / blando

duro / macio

pesado / liviano

pesado / leve

hambre / sed

fome / sede

enfermo / sano

doente / saudável

ilegal / legal

ilegal / legal

inteligente / estúpido

inteligente / burro

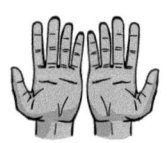

izquierda / derecha

esquerda / direita

cerca / lejos

perto / longe

nuevo / usado

novo / usado

nada / algo

nada / algo

viejo / joven

velho / jovem

encendido / apagado

ligado / desligado

abierto / cerrado

aberto / fechado

silencioso / ruidoso

baixo / alto

rico / pobre

rico / pobre

correcto / incorrecto

certo / errado

áspero / suave

áspero / liso

triste / contento

triste / feliz

corto / largo

curto / longo

lento / rápido

lento / rápido

mojado / seco

molhado / seco

caliente / frío

ameno / fresco

guerra / paz

guerra / paz

0	**1**	**2**
cero	uno	dos
zero	um	dois

3	**4**	**5**
tres	cuatro	cinco
três	quatro	cinco

6	**7**	**8**
seis	siete	ocho
seis	sete	oito

9	**10**	**11**
nueve	diez	once
nove	dez	onze

12

doce
doze

13

trece
treze

14

catorce
catorze

15

quince
quinze

16

dieciséis
dezasseis

17

diecisiete
dezassete

18

dieciocho
dezoito

19

diecinueve
dezanove

20

veinte
vinte

100

cien
cem

1.000

mil
mil

1.000.000

millón
milhão

inglés
....
inglês

inglés americano
....
inglês americano

chino mandarín
....
chinês mandarim

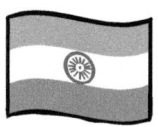

hindi
....
hindi

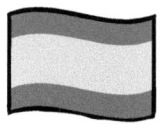

español
....
espanhol

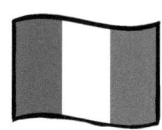

francés
....
francês

árabe
....
árabe

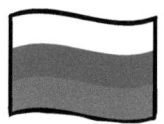

ruso
....
russo

portugués
....
português

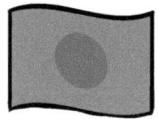

bengalí
....
bengalês

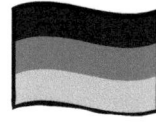

alemán
....
alemão

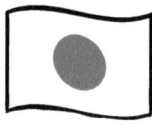

japonés
....
japonês

yo

eu

vos

tu

él / ella

ele / ela

nosotros

nós

ustedes

vós

ellos

eles / elas

¿quién?

quem?

¿qué?

o quê?

¿cómo?

como?

¿dónde?

onde?

¿cuándo?

quando?

nombre

nome

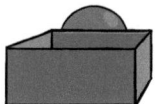

detrás
....
atrás

en
....
em

adelante de
....
à frente de

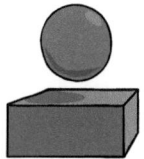

por encima de
....
sobre

sobre
....
em cima

debajo de
....
debaixo

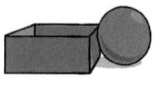

al lado de
....
ao lado

entre
....
entre

lugar
....
lugar